저의 마음을 거쳐간 수많은 이름과
누군가의 유령들에게.
우리는 알지만
너로서는 여전히 모르는 이야기를 바칠게요
우리를 둘러싼 어느 유령이
여름을 지켜줄거예요. 그러니
더 이상 몀아하지 않기!

2025 , 저o 드림

유령 알러지

유령 알러지

발행	2025년 06월 17일
저자	정
펴낸이	한건희
펴낸곳	주식회사 부크크
출판사등록	2014.07.15.(제2014-16호)
주소	서울특별시 금천구 가산디지털1로 119 SK트윈테크타워 A동 305호
전화	1670 - 8316
E-mail	info@bookk.co.kr
ISBN	979-11-12-00933-3

www.bookk.co.kr
ⓒ 유령 알러지, 2025
본 책은 저작자의 지적 재산으로서 무단 전재와 복제를 금합니다.

유령 알러지

정지음

BOOKK

분명 보았지만 아무 말도 하지 않는다
여기서부터 거기까지 나만 아는 이야기
어쩌면 그렇게 믿고 싶은 환상 같은 것

2025 초여름

정

차례

시인의 말　　　　　　　　　　　　　　　　4

1부　속삭이는 목소리에 비해 우리는 너무 컸지

어느 누구의 괴담　　　　　　　　　　　　12
여름 인사 안부　　　　　　　　　　　　　13
물큰한 법칙　　　　　　　　　　　　　　15
썸머 노이즈　　　　　　　　　　　　　　17
썸머 노이즈　　　　　　　　　　　　　　18
무늬의 규칙　　　　　　　　　　　　　　19
한낮의 커스터드　　　　　　　　　　　　21
머무르기　　　　　　　　　　　　　　　23
피치트리　　　　　　　　　　　　　　　25
유령 퇴치 금지　　　　　　　　　　　　　27

2부 천사도 거짓말을 할 줄 안다면

데자뷰	32
누군가의 양손잡이	34
행성 이름 콘테스트	36
실눈을 뜨고 보아야만 하는 천사가 있다	38
트라거스	40
휘와 무릎	42
메이와 데이	44
슈톨렌	46
여기까지 장마	48
체리콕	50

3부 여름에는 유령 알러지가 있어

귓속말 프로젝트	54
말고 있었던 주먹이 풀릴 때 끝나는 이야기를 기억하니	
숨소리는 간결하고 우리는 간지럽지	55
날개를 주세요	57
유령에게	59
모든 내가 아닌 은이에게	61
꿈이라서 가능한 것	63
심부름을 가던 사람은 무서운 것을 모르고	65
암막커튼의 경계에서 태어나는 이름에 대해	67
한여름 거북이 방생 금지	69
멜티 러브	71

4부 지킬 수 있는 약속은 하지 않는다

잠수 연습 동아리	74
비밀은 발생하고 우리는 종종 다시 잠에 들지 이건 약속이야	75
늦은 템포의 발음을 따라하는 것만이 유일한	77
베르가못	79
끝까지 눈을 마주치는	81
원의 용서	83
휘청이며 우는 법을 배우고	85
여름 이해하기 운동	87
유령 알러지 아카이브	89
비치 클럽	91
여기까지 비밀로 하자	96

1부

속삭이는 목소리에 비해
우리는 너무 컸지

어느 누구의 괴담

작은 미츠이에게

우리는 목소리로만 이루어진 괴담이라고 할까 분명 이름을 부르는데 보이지 않는다 깨진 컵은 날카롭고 우리는 뭉툭하지 무른 입술로 부르던 이름을 기억한다 어느 누구의 발음이 자꾸만 뭉개질 때 붙였다 뗀 반창고처럼 너덜거리는 것만 같지 자꾸만 돌아보는 사람아 발을 떼는 순간부터 여기는 앞이야 뒤통수를 보이는 순간부터 우리는 밀려 나가는 사람이 되는 거야 이건 우리만 아는 이야기

머리를 긁적이며 말을 잇는다 미츠이, 아무것도 보이지 않는 것과 아무것도 보지 않는 것은 다르다는 걸 잘 알잖아 한여름에도 분홍색 니트를 찾는 미츠이 무서울 때마다 입술을 깨물어대면 살아 있는 기분이 들어

양손으로 팔을 감싸다가
몸을 웅크리던 미츠이를 본다
여기는 너무 추워

속삭이는 목소리에 비해 우리는 너무 컸지

미츠이, 하고 부르면
아무 대답도 돌아오지 않는다

여름 인사 안부

우리의 열대야를 기억하니
노을은 상처처럼
붉은 빛으로부터 시작했어

밟고 나면 움푹 파이던 땅
그곳에 울음을 묻어 두면 웅덩이라 부르는 마음
열대야에서 땀을 흘리는 열대어들이 있었다

우리의 무릎은 언제나 단정하지 못했다
무릎을 꿇고 나서야 생기는 무릎
여름 끝에서 목소리를 잃은 고양이

껴안은 것은
발목에 매달린 그림자 뿐이었고

열대자마을 열대어 열대야
비슷한 발음 늘어놓기
시시하고 지루한 이야기

우리가 사는 곳은
나를 자꾸 지우려고만 해

어쩌면 울음을 참는 사람은
단순하지 못하다고 생각하면서

무릎 위 흉터는 자주 간지럽고
얼굴을 찡그리게 하지

위성으로는 들여다 볼 수 없는
그런 마음이 존재할 때

우리는 웅덩이에 잠긴 그림자도 심어 두고
누군가 잃어버린 노을을 쏟아내기도 했다
조금씩 숨이 가빠지는 열대어처럼

작은 점이 된 우리가
마음을 치켜세우고 서 있다

위성이 처다봐 줄 때까지
여름이 우리를 덮는 상상을 하면서

물큰한 법칙

너는 무릎에 돋아난 안부를 쓰다듬던 사람
분홍이 머물기도 전에 자라온 여름을
손에 쥘 틈도 없이 놓쳐버렸지

손톱 자국이 그대로 남던
복숭아의 피부를 깨물어 보듯이

너는

자주 물러 있었다
머물러 있는 법을 모르던 우리가
유일하게 사라질 수 없는

늦은 안부를 적어낼 때면
휘청거리던 여름을 기억한다
이게 우리의 법칙이라면

자주 물렁해져도 좋다고 말하는
멍이 들어 즙이 흘러내리던

복숭아의 부드러움에 대해
생각한다

손톱 사이로 푹 들어간 속살이
뭉개지는 일을 반복하고

울음이 머무르던 무릎
끓는 얼굴이 그곳에 있었다

썸머 노이즈

   우리는 서로의 귓속에서 살았다 손가락 사이에 스며드는 소음들, 몸을 웅크리던 초여름 어깨에 매달린 목소리를 담아 주느라 지나 버린 수많은 열대야에 대해

   눈을 깜빡일 때마다 허물을 벗던 여름 매미의 이름을 가진 계절들이 숨을 고르던 시간 손등에 피어오르는 노이즈캔슬링 귀를 닫아 버린 세상에서 우리는 영영 우리밖에 알아볼 수 없을 거야

   숨이 고르지 않은 오후 세 시 일그러지는 미간 사이에 누워 잠을 자는 사람 눈을 마주칠 때마다 목소리가 반사되는 꿈을 꾸듯이 열대야에서 헤엄치는 열대어를 기억하니 인사를 전하다 절뚝거리는 얼굴이 여기 있다 우리는 손을 잡는 것보다 소음을 쥐는 일이 더 급했던 거였지

   메아리처럼 울리는 소리 햇빛에 알맞게 구워진 허물을 썼어 운석이 떨어지는 것을 보았니 선명할수록 점점 흐려지는 서로를 생각했다 손금에 스미는 땀방울에 자주 울었구나 어디에선가 흐릿하게 흘러들어온 낯익은 선율들

썸머 노이즈

   우리에게는 떨어진 피크가 어울린다 귓속에서 떠나지 않은 것들이 있다면
   그건 아마 네가 남겨 두었을 숨소리라 생각하면서

   세상을 재우던 노이즈캔슬링, 숨이 막히던 한여름을 마주하던 나에게는 여러 개의 귀가 있지 고막이 온전하지 않은 귀, 너무 여러 말랑해진 귀, 허물 벗은 소리를 품던 귓속

   조금은 이른 숨소리가 귀를 간지럽힌다 썸머 노이즈, 하면 여름을 잠재울 수도 있는 우리가 여기 서 있어 그제야 맞물리는 손을 붙잡고

   아스팔트에 몸을 바짝 가져다 대지만
   아무것도 듣지 않는다

무늬의 규칙

네 믿음에는 무늬가 없다
자주 흘러내리던 것 같은

어제에게 안부를 묻다가
손금으로 스며들어버린 울음에 대해서
우리는 묻지 않기로 했지

그것이 우리의 믿음이라고
어쩌면 햇볕에 녹아내린 초상이라
믿었을 때

믿고 나서 믿 수 있는 것들
답지에 밀려 쓴 한여름처럼

우리의 울음이 미지근하다
우릴 수 없는 우리가
축축한 홍차 티백처럼 처져 있고

얼룩 없는 슬픔을 떨구어내고 있었다
네가 믿는 신의 얼굴은 단순했다

거짓이 없거나
아니면
밀어낸 울음 한 조각을 쥐고 있거나

더 이상 울지 않겠다는 다짐이
여름의 부재로 떠오른다
좁혀지지 않는 무늬가 어지럽히고

너는 여전히 턱 끝에 매달린 눈물을
떨어뜨리는 법을 모른 채 넘어지기를 반복했다
믿다가도 얼룩진 얼굴로

한낮의 커스터드

　나의 마음은 언제나 커스터드였지 부드러워서 속은 단단했고 자주 뭉개지던 얼굴들 크림이 목까지 차오를 때면 가빠져 오던 숨 이것도 세상에게는 비밀이야 처음으로 완성된 커스터드가 점점 기울 듯이 우리의 마음도 어깨가 한쪽이 주저앉았지 빌려오다가 헤지는 마음들 우리는 달콤한 커스터드처럼 비밀은 그렇게 달고 숨이 가쁜 모습 우리만 만들 수 있었는데

　불안을 한 입 떠먹을 때면 입안에 머금는 모든 크림들
　자주 가빠져 오던 목소리와 작은 음계처럼

　음악실에 남은 것들을 기억하니

　너는 누군가가 정해 놓은 코드를 따라 연주한다 마음은 가장 옅은 선율로 뻗어 나가는 것 네가 악보를 베꼈다는 일은 마음속에 숨겨 놓을게 손가락으로부터 튕겨 나가는 목소리가 여름을 대변한다 부드러운 거짓말, 땀이 찬 지문 사이에는 음계들이 머물렀다 누군가가 정해 놓은 모습으로

　우리의 거짓말은 음계처럼 어긋나고 커스터드처럼 부드러웠지 크림을 머금을 때마다 뭉개지던 모습 멍이 든 손가락을 바라보던 얼굴들 이처럼 비밀에는 작고 단내만이 울리고 있었다 가득 차오르는 거짓말처럼 굳은살이 말랑해지는 연주처럼

이건 너에게 하는 최초의 고백이야
돌려주었던 비밀이 음계 사이로 흩어진다
오래된 커스터드처럼 주저앉던 어깨

우리는 더 이상 무릎이 없다
숨겨 둘 마음이 하나 더 생겨 버렸고

기타를 다시 들었다
연주하는 법을 자주 잊어 버렸다

나의 마음은 언제나 커스터드
부드럽게 연주되고 있었다

뭉개지지 않으면서

머무르기

    우리는 서툰 음계에서 태어났지 나에게는 박자 밀린 노래가 있었다 그건 세상에서 가장 다정한 이름일 거야 입을 열지 않고 목소리를 잃어버려도 서로를 부를 수 있지 혼자 어긋난 노래만이 우리에게 머무를 때가 있었는데

  머무르는 것들은 전부 부서지기 쉽다고 하지
  기도에서 몸을 웅크리던 목소리

  안으로 말아버릴수록
  나는 나의 이름을 잊기도 한다
  거울을 두드릴 때마다
  멍이 생기던 것처럼

    오선지 위에서 간신히 매달린 얼굴이 있어 너는 흔들리는 목소리를 가지고 노래를 부른다 어떤 마음은 허물처럼 그대로 벗겨지기도 한다는데 우리는 이곳에 매달려 있다 흘리는 땀을 음표라 부르기로 하면서

  완성되지 않은 노래를 부르다가 끊길 때
  입술 사이에 남아 있던 것은
  서로의 이름이 아닐까 생각하던 밤이 있다

오르락내리락하는 어느 박자처럼
땀인지 울음인지 모른 채 닮아냈던 음계처럼

너는 서투른 발음으로
새어나가는 것들을 입안에 가두었고

우리는 오선지 같은 세상에서 잠시 늘어져 있어도 좋아 한 박자씩 밀리는 걸음으로 나아가던 목소리, 나는 자주 무르기도 해서 머무를 수 있지 이름은 여전히 녹음된 세상을 듣고 부서지지 않는 다짐으로 노래를 부른다

맞잡은 손보다 흘러나오는 선율이 따뜻했다

피치트리

　복숭앗빛 상처가 번지고 있었다 한 손에 쥘 때마다 짓눌리는 모습이 진물을 보여 준다고 생각했다 그속에서 터지는 것들을 온몸에 바르면 돋아나는 알러지

　부풀어 오르는 알러지가 꼭 울던 모습 같지
　손톱 사이에 스며들었던 진물은
　우리에게만 고일 수 있는 어느 이름

　우리의 알러지는 우리일 뿐인 것
　다가설수록 소란스러워지는 상처를
　한 입 베어 물었고

그게 전부였다

우리만이 상처를 향해 덧없이 자란다
누군가의 복사뼈처럼
툭 튀어나온 것들을 문지를 때

과육처럼 뭉개진 어깨를 가지고
모든 경계를 마주하고 있다

남은 열매를 줍던 손은 여전히 울긋불긋하고
멍들어 있는 복숭아의 제철에 대해 생각했다

두 손에는 울음을 긁어낸 모습이
어디서 자라난 열매의 얼굴이

멍들지 않은 것들은
모두 껍질이 유연하게 늘어져 있지만
우리는 여전히 수평을 이루고 있듯이

꼭 우리만 이런 것 같지
네 흉터가 안으로 굽히는 동안
누군가는 우리를 가지고
복숭아 향수를 만들었다는 귓속말처럼

유령 퇴치 금지

 준, 당신은 작은 괴담을 가슴에 품고 태어난 사람 작은 소음을 귀에 머금고 유령의 기도를 목구멍에 숨겨 둔 채 누군가의 뱃속에서 몸을 구기고 있었던 찰나를 기억할까

 오래된 라디오에서는 노이즈가 낀 계절이 들려오고 준, 당신은 어깨에서부터 미끄러지는 여름을 손으로 받쳐 두었더랬다 밤새워 뒤척인 기도는 울렁거리는 멀미를 가지고 유령을 방해하는 악취미가 있다 사소한 거짓말과 함께

 기도가 헝클어지는 찰나에서

 누군가 씨의 뱃가죽에서는 꿰맨 자국이 우리를 감싸지
 유령은 대부분 우리로부터 시작돼

 부풀었다가 줄어드는 탄생의 순간처럼
 무서운 말이 있냐 물으면 대답하지 못한 입술

 옅은 손목에서는 핏줄 대신 유령이 스미고

 영혼이 온몸을 갉아먹는 상상을 할 때
 우리를 타고 올라오는 건 개미라는 작은 괴담

거짓말에도 소스라치게 놀라던 어깨를 기억하지
한껏 구겨 두었던 무릎이 저려오는 계절

뱃속에는 노이즈 낀 소음을 듣고
으스스한 한숨을 풀어 두고

유령은 해롭다는 소문을 삼킨 채 우리에게로 돌아오지

준에게

2부

천사도 거짓말을 할 줄 안다면

데자뷰

눈을 떠 봐
이 선을 넘으면 시작되는 세계

문을 열고 들어가
꼭 우리만 아는 비밀 같지

꿈을 꾸지 않았으면 한다는 말을
여럿 되새기던 밤이 있었다

악몽은 아무 틈에도
스밀 수 없도록

그런 귓속말을 나누었던 일에 대해
생각한다
혼자서

자고 일어날 때마다
처음 보는 풍경이 펼쳐지는 것처럼

이곳에서 눈을 뜨는 순간
더이상 현실이 아닌 것처럼

손에 잡히는 건
아무것도 없었지만

눈동자를 계속 굴리고 나면
우리가 살아 있는 것 같아

입꼬리를 올리고
눈은 웃지 않으면서

이런 꿈을 언젠가
꾸었던 적 있다

누군가의 양손잡이

넘치지 않도록 조심해

손을 내밀지 않아도 스며드는 것들이 있다 여기서부터는 파도가 거칠 텐데 비늘의 흐름으로 맞추어 나아가는 물고기들을 걱정하기 너는 쓸데없는 생각을 하던 사람이구나 굳이 이해하지는 않는다 이 호흡을 기억하기 왼쪽으로 휘어 있는 꼬리를 가진 물고기들은 기형인 걸까 잘못 태어났다고 말할 수 있을까

누군가의 세계에서는 내가 처음 본 사람인 것처럼 눈이 세 개 달린 사람들의 세계에서는 내가 이상한 것처럼 나는 어디에서도 정상이 아니야, 라는 말을 들었을 때

바닷물은 따듯하고 우리는 몸을 떤다 반대의 사람이 되자 왼손의 나라에서 살아가자 그러나 너는 양손잡이

여름 감기는 어울리지 않지만
누군가는 걸리고 마는 일

그래서 우리에게는 처음 보는 이름이 필요하다
한여름, 감기에 걸린 개를 걱정하면서

축축한 손을 가진 채
물고기의 비늘에 손이 베이는 기분으로

행성 이름 콘테스트

어디에서 왔냐는 물음 대신
눈을 맞추는 일

세상에서 유일한 외계인을 떠올린다
내 얼굴은 거울속에서만 존재하는 것처럼
남의 것인 일처럼

아무것도 볼 수 없는데

나의 외계인이
안에서 살고 있는 건
아닐까

웃지 않는다

지구가 사라져 버린다면
우리는 어디로 가야 하는지
물어보지는 않는다

궁금한 게 많은 행성에서 왔구나

계속 보고만 있으면
낯설어지는 얼굴이 있어

나는
네가 여태껏 본 적 없는
어느 움직임이 되어 있지

처음 본 현상처럼
거울에 비추어지는 표정은

왜인지 모르게
반 박자 느려지는 기분이 들었다

실눈을 뜨고 보아야만 하는 천사가 있다

초여름의 한가운데에서
마주한 천사는 잠이 많았다

몸을 웅크리는 일에 꽤 소질 있는 것 같지

턱과 무릎이 수직을 이룰 때
어떤 세상에서는
누군가가 태어나고 누군가가 죽기를 반복하면서

천사의 옷자락을 붙잡은 사람들이
늘어나고 있었다
우리도 그중 하나일 것이라는 생각

그만 무릎을 털고 일어나
손등으로 박수를 치는 천사와
거울 속 너머의 얼굴을 상상하던 사람에게

얼음을 끊임없이 씹어 삼키면
잠에서 깨는 천사가 있지 않을까
그러고서는 입안을 살필 거야

가늘게 뜬 눈과
잠에 든 자세가 맞아떨어질 때

늘어난 옷에는 손톱자국 대신
얼음이 들러붙은 채 몸을 늘어뜨리고 있다

한 번도 태어난 적 없는 것처럼

트라거스

우리에게는 귀를 뚫고 난 만큼의 거리가 필요하다

진물의 얼굴로 고이는 목소리
써지컬 피어싱을 처음 한 것처럼
찌를 때마다 푹 들어가는 구멍이 있다

숨겨 두었던 비밀이 많았지
비밀의 절반을 떼어 준다면
곪았던 귓불을 잡아당기는 기분이 들고

신경 쓰지 않는 거짓말을 쌓아 둘 때
어느 순간 막혀 버린 귓불을 쓰다듬다가
부러진 손톱에 걸린 구멍을 뚫지만

소염제를 먹는다
부어 있는 거짓말 속에서
그게 딱 우리만큼의 거리

새로 만들어낸 자리를 매만지지만
아프지 않다

처음 뚫은 귓바퀴에 머무르던 우리가
고름이 되어 가는 과정이라고 했지

고통의 절반은 나눌수록 줄어드는 게 아니라
두 배가 늘어나는 것뿐이라고

너는 그렇게 말했지만

그게 우리의 거리라면
피어싱이 무거워 축 늘어진 귀
너는 왜 아직도 빼지 않는지

네가 울고 있던 자리가 늘어나는 꿈을 꾸었다
귀를 뚫은 속도보다 빠른 눈치가 쌓인
구멍보다 큰 반창고로 둘러싸인
귓바퀴를 보면서

트라거스의 자리를 걱정한다

휘와 무릎

휘에게

우리에게는 단단한 무릎이 없어서
물렁거리는 얼굴을
하고 있었을 뿐이고

휘를 껴안을 때면
얼굴이 일그러지고 있었다

우는 것과
우는 것을 참는 것
차이는 없었고

울음이 쏟아질 때마다
녹슬었던 휘의 어깨를
생각한다

온몸이 철제로 구부려지는 휘를 보았을 때
내 손에서는 비릿한 쇠맛이 났지만

넘어졌다는 거짓말을 했다
이건 온통 피비린내인 것처럼

찡그리는 것들에 대해
의문을 가지지 않기

피를 닦아내지 않은 채로
녹슨 몸을 한 얼굴로
네가 꼭 살아있는 것이라고 믿으며

메이와 데이

    구기고 버리기를 반복하는 종이 뭉텅이를 기억한다 어떤 이름은 자꾸만 구겨지고 망가지기를 반복하지 한여름에서는 잉크가 다 녹아내리던 얇은 펜촉이 있었고 너는 뭉개지는 글씨로 이름을 쓰고 있었다

    눈싸움을 하는 기분이 드는 것 같아
    눈을 마주치는 것과
    자꾸만 던지게 되는 것 중
    어느 쪽이야

    그야 당연히 뭉텅이를 던지는 쪽이지 너는 종이를 줍는다 무지 아까운 것 있지 입꼬리를 올리면서 말하던 얼굴을 본다 얼마나 많은 이름이 구겨지는지 가늠할 수 없는 일 이럴 때만 너는 지구를 지키는 사람이 되는구나

    잘못 적은 안부가 휴지통으로 우수수 쏟아질 때 누군가의 이름을 몇 번씩 부르다가 사라진 종이 뭉텅이를 바라보고 있을 때 우리는 자꾸만 구조 요청을 하는 이름을 듣지 그래 눈과 눈 사이 너는 무엇을 보고 있었는지에 대한 고찰 아직 끝나지 않았고

    메이와 데이
    메이에게 데이에게

우리에게는 남은 이름이 없다

함부로 붙여지는 일은 언제나 단순하고 나는 단정하지 못하다 구겨져 있는 이름을 하나씩 펼쳐 보는 사람을 바라본다 안부만 적힌 글씨를 매만지다가 번지는 것을 보았을 때

누군가는 만지지 않아도
울음 하나로 모든 이름이 번졌던 걸까

그런 생각을 하면서

구겨 두었던 종이를 하나씩 펼쳐 두었다

슈톨렌

너는 슬로우다이브 노래를 듣고 있었다 우리는 아무것도 맞는 게 없어 입술 주름 사이에 끼어 있는 슈가 파우더 수염이라도 난 것 같아 조각을 하나씩 자를 때마다 튀어 오르는 파우더 콧속으로 빨려 들어가지 않게 조심해 너는 아무거나 몸에 품어 두는 버릇이 있잖아 어깨를 주먹으로 치는 손짓이 마냥 밉지만은 않다

    너는 한여름에도 슈톨렌을 먹는구나
    어떤 날을 기다릴 때는
    지치지 않도록 무언가가
    나를 기다리고 있어야 한다고
    언니가 그랬어

    건포도가 씹히는 것처럼
    그런 기분이 드는 건
    아닐까
    하는 생각을 하고서는

한 조각을 더 베어 물며 말한다 나는 캔디 클라우스가 더 좋아 흥얼거리다가 다음 가사를 까먹은 얼굴로 나를 바라본다

    입술에는 여전히 묻어 있는 파우더
    닦아 주지는 않는다

아무것도 모르고 기다리는 일에는
허밍이 필요한 것

같은 부분을 반복하면서
네가 말한다

언니 나는 여전히
말린 크렌베리랑
건포도를 구분하기 어려워

파우더의 단 맛이
입안에 퍼지고 있었다

여기까지 장마

쇄골에 고인 울음을 지나치지 않는다
너의 눈에서 시작되는 것들을
전부 비라고 하고 싶어

상처가 태어난 발뒤꿈치를
억지로 문지른다

굳은살로 새로 탄생한 비밀은
단단해서 엿볼 수 없겠지

장마 속에 갇혀 사는 것만 같아
빗물이 발목에 차오르던 열대야가 있고

한 음절씩 흐트러지는
발걸음을 옮겨 적는다

풀어헤친 신발 끈을
더는 의식하지 않아도 되는 것

오른발을 들어
웅덩이에 힘껏 적실 때면

온몸이 젖지 않는 사람아
이제 그만 일어나

체리콕

나는 딱 이만큼의 끈적임을 사랑해

손끝에 퍼지는 달콤, 엎어진 체리 주스를 온몸에 바르던 모습 우리는 끈적이는 손으로 서로를 더듬었지 엎어질수록 콧속에 차오르는 향기가 있어 체리의 얼굴을 빨강이라 정한다면 너는 얼굴을 찡그렸고

피가 흐르는 것만 같아
너는 자주 아팠다

체리 주스가 무한히 쏟아지는 것처럼
무릎에는 핏자국을 달고 살았더랬지
체리의 안부가 우리에게로 달콤하게

끈적거리는 여름밤,
우리는 땀을 흘리던 몸짓으로
서로를 붙잡아 두었던 손짓이 있다

달콤이 폐로 스며드는 순간이 있어
이를테면 우리가 영원해지는 듯한 기분

엎어질 수 있는 것들을 전부
우리라고 부른다면

주스를 입에 머금지 않아도 충분해

체리가 무릎에서 자라고 있었다

한 알씩 따고 있었지만
우리는 울지 않았지

3부

여름에는 유령 알러지가 있어

귓속말 프로젝트

손을 둥글게 말면 귓속말이 시작되지

우리는 귀를 나누었다 같이 한 쪽씩 듣던 이어폰 다정한 것들은 모두 짝을 가지고 있어 똑같은 목소리가 귓바퀴를 타고 흐를 때 언젠가부터 흘러나오는 음이 있었지 낮은 자리에서부터 시작되는 목소리 이마 위로 출렁거리는 마음들은 전부 어디에 있을까 손에서 빠져나가지 못한 소리들은 여전히 우리에게서만 흐르고 있었다

나는 가끔 불안할 때면 숫자를 세던 버릇이 있어 스무 번까지 도달할 때면 손으로부터 시작되는 불안이 귓속에 머무르던 때가 있었지 음계가 귀의 안쪽에서 머무르는 동안, 나는 귓속말에 대해 생각했다

목소리는 어디로 사라지는 걸까
기울일수록 들리는 풀벌레 소리

왠지 답해 주는 것 같았고
물음을 엿들은 귀는 유연해지고 있었다

둥글게 만 손이 꼭 귓속 같지
나를 둘러싼 음이 이어폰 줄을 타고 흐른다

말고 있었던 주먹이 풀릴 때 끝나는 이야기를 기억하니 숨소리는 간결하고 우리는 간지럽지

손에 속삭일 때면
전하지 않았던 말들이 머물러 있어

우리는 속삭이는 일 대신
서로의 손을 마주 잡았다

귀가 간지럽다는 거짓말도
여전히 우리에게 흐르고 있을 거야

아주 작은 숨소리가 고이던 자리
속삭이던 것들은
전부 어디로 스며 들어가는 걸까

모든 단어가
귓바퀴에 가득 차서
넘치던 날을 기억하니

우리는 듣는 일에만 집중한다
이 음이 우리에게로 도달할 때까지
아주 옅은 귓속의 곡선을 타고 흐를 때까지

하나부터 아흔아홉까지 세던 열대야에서

목소리가 닿는 순간을 위해
나는 숫자를 외우고 있었다

사실 너에게 처음 들려준 건
아무것도 녹음되어 있지 않은
텅 빈 것들만으로 가득했어

날개를 주세요

천사는 잠이 없는 걸까

우리는 너무 오래 잤다 퉁퉁 부은 얼굴은 무언가에 물린 것만 같았고 날개가 찢어졌다는 천사의 부름을 받고는 엉엉 울었다 사실 울지 않은 것인지도 모르겠다 그건 그냥 우리가 가진 한숨 같은 것 뒤를 돌아보면 어떠한 울음이 나뒹굴고 있던 여름

그러니까
그게 전부였다

어제는 녹은 사탕을 먹기 위해 껍질을 깠다 손가락 사이에 스며들어버린 딸기 사탕처럼 어떤 마음은 단단하다가도 시럽처럼 끈적이게 될 뿐이니까 그것만이 우리가 할 수 있는 기도였다

영영 잠에 들지 않는 법을 알려 주는 것 너는 어째서 우리가 상상하는 천사의 모습이 같으냐고 물었지 하얗고 수북한 날개로 뒤덮인 날개를 그리고 연약한 뒤통수를

잠을 자는 사람에게
두 손을 모으고 자는 모습과
기도하는 손의 모습이 같았던 사람에게

우리는 기도가 많았던 사람들이구나, 하는 핑계를 대면서

유령에게

우리가 유령이라면
안개 속에 숨어 있었을 텐데

습한 공기를 들이마실 때쯤
새어나오던 코웃음이 있었다
거짓말이라고 했었나

우리는 이마를 나누어 가지고
축축한 손길을 보살피는
어느 한 계절을 지나가지 못하고

계속 머물러 있었던 사람처럼

덩그러니 서 있었다

여기서부터 앞이야

하얀 천을 뒤집어 쓰면
트릭 오어 트릿

갑자기 시작하고
아무도 모르게 끝나는
핼러윈의 새벽이 되듯이

발걸음을 내어 주지 않은 사람은
모두 유령이었을까
하는

미신 같은 것

모든 내가 아닌 은이에게

    눅눅한 여름을 보냈어 어제는 동생과 캐치볼을 했지 공이 포물선을 따라 공중에 떠 있는 것을 보고서는 무지개를 떠올리면서 여기는 해가 쨍쨍해서 비 올 일이 없는데도 말이야

    시작한 지 오 분도 안 지나서
    금방 질린다고 하더라
    어린애들은 이래서 문제야

    비눗방울을 불어 주었는데 그 안에 수많은 내 얼굴이 비추어지고 있었어 우리가 알 수 있었던 건 아직 살아있구나, 하는 믿음 같은 것 눈을 뜨고 있는데 아무것도 아닌 기분이 들어서 그래 그건 우리만 아는 비밀도 아니었는데 말이야

    쏟은 비눗물을 신발로 막 부비다 보니 미끄러워 넘어질 뻔한 것 있지 손을 뻗어 주는 사람은 없었고 동생은 모른 척할 뿐 이었어 너는 무릎을 내어 주던 사람 그런데 은이야 사람은 사람답지 않을 때 가장 살아있다는 걸 느끼게 되는 것 같고

    휘청이지 않은 동생이 괜히 미워서
    발을 막 구르고 있었는데

어제 사거리에 새로 생긴 약국에서 처방받은 해열제를 쏟고 있는 거야 다그치기도 전에 쭈그려 앉던 무릎을 펴고 하는 말 아스팔트가 열이 나는 것 같다고 했을 때

입술을 깨물었다

은이야 나는 몇 천 원 주고 받아 온 해열제를 그 자리에서 다 쏟아내는 동생을 보고도 아무 말도 할 수 없었어 우리가 여전히 아픈 이유는 해열제를 먹지 않아서일까 해열제를 열심히 쏟을 수 없는 사람이기 때문일까

꿈이라서 가능한 것

꿈에서는 누군가를 미워하는 일이
합법인 것처럼

그냥
우리는 잠이 많았던 거야
오로지 그것만을
핑계로 두면서

오래된 노래를 질릴 때까지 듣고
돌아가는 속도보다
탁탁 걸리는 게 더 빠르게 느껴지는
선풍기의 소음을 듣는다

빛이 부서질 수 있다면
여름은 얼마나 많은 고통을
겪고 있었던 건지

이건 꿈이니까
할 수 있는 생각이야

너는 핑계가 많았고
턱을 치켜들었다

여기서부터
우리가 발생하는 이유인 것처럼

가위에 눌린 기분이 들지
여름의 뻐근함을 버티는 사람

어깨를 한 번쯤 돌리고 나서도
잠이 깨지 않기를 바라면서

심부름을 가던 사람은 무서운 것을 모르고

누군가의 발걸음을 보고 생각했지
너는 어디에서 왔는지

어디에서 왔다는 물음은
내가 살아 있다는 증거가 될 수 있는지

증거가 증거일 뿐이라면

우리는 많은 심부름을
놓치고 살고 있었고

장바구니 안에는
여름이 한가득 담겨 있었다

귀를 속삭이는 사람과
누군가의 더위를 지키던 사람에게

이 골목길은 처음 보는 길이야
어째서?
아스팔트가 갈라지지 않았고

무엇보다
발바닥까지 뜨거울 수 있는 것
손에 들린 장바구니를
놓치고 있는 것만 같은

그런 기분이 드는 것

목적이 없는 삶이라니

조금은 비틀거리는 사람이
옳다고 생각했다

암막커튼의 경계에서 태어나는 이름에 대해

이 이야기는 오로지 수를 위한 이야기
어쩌면 이야기가 아닐지도 몰라

수야, 네가 보내는 방안은 아침과 밤의 구분이 없다고 했지 너는 십오만 원짜리 비싼 암막커튼을 샀었고 창문에서는 짹짹거리는 새들의 울음소리 분명 눈을 떴는데 온통 어두워 이곳은 밤 혹은 낮 그것도 아니라면 꿈 같은 것 어쩌면 우리 깨어난 적이 없는 것 아닐까, 하던 날들 너는 다 알고 있었잖아

    수는 발음하기 어려운 이름으로 태어났다
    수의 이름을 부를 때면
    모아지게 되는 입술을 사랑한 적이 있었다
    처음 보는 이름인 것처럼
    매일 부를 때마다 수십 명의 수가 태어나기를 반복했고

우리는 처음 보았던 이름처럼 선명하지만 희미하게 사라지는 것 같아 너는 어디에서 무얼 하고 지내는 중이니 영원히 살고 싶었다는 약속은 지키고 있을까 이곳은 초여름이고 벌써 매미가 울고 있어 하루살이는 매정하게 하루만 사는 게 아니라던데 너는 왜 하루살이가 되어 버렸을까 그냥 웃자고 하는 소리야

    무릎이 성하지 않았던 네 모습을 기억해 수없이 사랑하는 것과

수 없이 사랑하는 것 너에게는 띄어쓰기가 존재하는 삶이 필요했던 것처럼 왜 자꾸만 뒤를 돌아보지 않는 것일까 눈을 찡그릴 때마다 수야, 하고 부르던 표정을 잊지 않는 것뿐이지 그것만이 우리가 알 수 있는 모든 이름이라면

암막커튼 따위 걷어버리고 눈을 굴리는 거야 가위에 눌린 기분이 들었어 너는 처음 보는 이름에게도 친절한 사람이었을까 그건 여름이라 그런 거야 사람은 햇빛을 볼수록 너그러워지는 거야

밤이 끝나지 않는다
열대야의 얼굴을 하는 수를 기억한다
띄어쓰기가 존재하는 수에게
아무 말도 할 수 없었던
암막커튼의 두께를 상상하면서

수에게

한여름 거북이 방생 금지

등껍질이 딱딱한 나의 거북이 씨는
땀이 많았다

입을 열 때면
한번에 집어 삼키던
덜 자란 방울토마토
하나

거북이 씨가 움직일 때
비릿한 냄새가 온몸에서
흘러 나왔다

헤엄치는 일과
떠밀려 가는 일이
똑같아 보인다면

거북이 씨는 왜 살아 있는 쪽을
선택했을까

더위를 먹은 거북이 씨는
콧구멍을 벌렁거리면서
나에게로 다가왔다

얼음으로 잘 다져 놓은 손으로
등껍질 틈을
하나하나 쓰다듬어 주기

덜 자란 방울토마토 대신
손가락 한 마디 쥐어 주기

거북이 씨는 세게 물지 않는다
이름이 없는 거북이 씨가
뒤돌아갈 때

다 자란 방울토마토가
어디에선가 굴러오던 것처럼

멜티 러브

너는 오래된 노래를 흥얼거리고 있었지
골목을 돌 때마다 처음 듣는 구간이
몸과 함께
휘청이는 기분이 들었고
빠른 멜로디와는 다르게
차분한 웃음이 있었다
어떤 골목이 태어난 세상은
울상을 짓지는 않는구나
무언가를 잊는다는 건
무언가를 기억할 수 있는 자리가
생겨난 것이구나
그렇게 위로를 하면서
시작되는 멜티 러브
샤즈나의 음악을 듣고
계속해서 흥얼거리다가
골목을 돌 때면
하이라이트에 맞추어 발걸음이 가벼워지던
얼굴을 보고 있었다

4부

지킬 수 있는 약속은 하지 않는다

잠수 연습 동아리

너는 때때로
익사하는 기분을 갖지

숨을 참으면 어지러운 공기를 들이마시고
한껏 늘어난 볼을 손으로 잡아당기기

태어나는 일과
죽는 일은
물보다 가볍구나

뺨이 터질 것 같을 때
고개를 바짝 든다

여기가 세상이고
여기가 눈앞이야

비밀은 발생하고
우리는 종종 다시 잠에 들지 이건 약속이야

    지킬 수 있는 약속은 하지 않는다 귓속말을 속삭일 때마다 움츠러들던 옆구리를 기억해 우리만 들리는 이야기가 온통 비밀이라면 목소리가 작은 사람은 얼마나 많은 비밀을 가지고 태어났는지

    졸다가 깨기를 반복하면
    너는 내가 처음 본 표정으로
    나를 바라보고 있다

    여기 물 한 잔만 떠다 줘 아무렇지 않게 부탁을 하고는 엉망이 된 머리카락을 정리한다 나는 반곱슬이라서 자고 일어나면 늘 이 모양인걸 너도 알잖아 이건 우리만 알고 있는 비밀이라기엔 너무 잘 보이나 너는 말을 이으면서도 웃는다

    눈을 한 번 굴리고 나면 보이는 세계에 대해 생각한다 앞은 선명한데 너는 보이지 않지 이것도 속삭이는 거야 우리가 할 수 있는 것은 앞을 보지 않고도 앞을 보는 것 그렇게 살아왔으니까 무서워하는 일도 없는 거야

    뒷모습은 겁이 많고
    발걸음은 서툴다

처음 보았던 세상을 따라하지 않기
차가운 물을 들이마시면서
얼굴을 찡그리지 않기

이건 약속이야
우리는 알고
너는 모르는

지킬 수 없는
모든 이야기를 대변하면서

늦은 템포의 발음을 따라하는 것만이 유일한

우리는 서로의 손을 겹치고
낡은 기도를 시작한다

말이 서툰 아이들의 발음
따라 할 때마다 어려지는 것만 같아

손금 사이에 낀 눈송이를 기억해
슬픔은 입김으로부터 쏟아져 나오는 것
겨울은 지나도 겨울이야
여기는 여름인데

머리를 살짝 들어 봐
품에 가두어 두던 어젯밤을
곱씹던 얼굴

사라진다는 건
잇몸 사이에 낀 어둠을
하나하나 혀로 핥아 보는 일

무슨 맛이 나냐고 묻던 얼굴은
영 낯설지 않다

이불을 덮고 땀 흘릴 때면
손바닥 사이에는
네 목소리가 흐르지

부어 있는 잇몸을 스치는
어느 날의 발음처럼

그러니까 나는 눈을 던지면서도
너를 쳐다볼 수 없었어

두 가지의 눈싸움에
다 진 사람이 되었고

네 눈이 여태 녹지 않는 유일한 곳이 되기 위해
어느 계절의 핑계를 빌려온 기분이 든다

베르가못

주머니에 손을 넣어 봐

깍지를 낄 때면 어긋나는 규칙이 있어 그건 우리가 세상을 둘로 나누었다는 소문 아무도 없는데 안부를 묻는다 초여름을 열고 들어가자 욱여넣을 때마다 우리만 이곳에 사는 것 같아

두 뺨을 맞대어 본다 틈으로 스며드는 것 주머니에서 꿈틀대는 손이 마음을 무엇이냐고 묻는다면 반대의 세상에서 건너온 얼굴이라고 하자 창문을 두드리면 멍드는 베르가못을 보면서

우리가 발을 들인 곳을 생각해 봐

베르가못 향수를 입안에 뿌리는 버릇을 아직 놓지 못했구나 우리가 열어 두고 나온 것은 무엇ㅇ리까 긴말을 하지 않아도 알 수 있는 발음으로

베르가못
베르가못

바짝 메마른 입술로 이름을 부르면
우리는 흘러내릴 수도 있을 거야

네 이름을 발음하려니까
온 세상이 열로 뒤덮이는 기분이 드는 거야

어떤 밤은 통하지 않은 채
흘러가고

잘못 태어나는 규칙처럼
엉키는 여름을 본 적 있어

끝까지 눈을 마주치는

우리는 보는 일로 이루어진 사람

무엇이 보이냐는 말에는
굳이 답을 하지 않기로 해

다른 풍경을 보고도
같이 울 수 있었으니까

품에 한여름을 가득 안을 때면
팔이 녹는 거야

품의 안쪽에서 쏟아져 나오는
어떠한 세상을 기억한다

숨을 내쉴 때마다
손에 스며드는 이름을 모아
간직하도록 만드는 일

창문을 가볍게 닫는다
너는 아무것도 모르고
껴안기만 하지

한편 세상에서는
여름이 태어나고 있었다

우리만이 반대로 밀고 닫았으니까

찬바람이 들어올 때마다 멀미를 했으니까

다시 창문을 열 때
열사병은 생각하지 않는 사람처럼
더위는 먹지 않도록 주머니 속에 숨겨 두었다

계속해서 섞이는 세상에 대해
내일은 너무 길어

원의 용서

발은 왜 내밀고 있니
여기가 밖이야

네가 모르는 모든 방이 젖을 동안
우리는 어떤 자세를 했는지

잠을 자는 동안
창밖에서는 어떤 잠이 오고 갔는지

그저 우리가 이곳에 있는데
우리는 걸음걸이가 다르지만
발자국의 모양은 같았어

이게 전부야
다른 것들은 알 수 없었어

그 틈에서 누가 살고 있었다든가
이 선을 이 문턱을 넘어가면
시작되는 바깥과 안의 구분이라든가

우리는 알지만
너로서는 모르는 이야기 같은 것

방안은 좁고 선에게는 끝이 존재한다
시작점과 끝을 맞닿으면 하나의 원이 생기는 알처럼

그 안에 우리가 나란히 살고 있다고 하자
여기가 밖이고 저기가 안이라면
우리는 내쳐진 사람인 걸까

정해진 틈에게서 벌어지자
그것만이 우리의 밖이고 원이야

문밖에서 내밀어 두었던 발을
다시 원 안으로 들여왔다
이제 그만 문을 닫아

휘청이며 우는 법을 배우고

우리에게는 숨길 발등이 없어요

핏줄이 바짝 서는 것
하나하나 이어 보며 끝을 짐작해 보는 것

너무 오래 넘어졌고요
얼음이 녹아내리기 시작한 커피의 맛은 밍밍해요

양말을 덧대어 신어도 핏방울이 맺힙니다
핑계는 발등 위 상처처럼 늘어만 가고
누군가의 사람은 그 위를 아무렇지 않게 밟습니다

그러니까
네가 앞인데 뒤돌아 있는 기분이 들었어
우리는 이곳에 있으면서 서로를 모르는구나

낮은 포물선을 그리는 부메랑을 본다
돌아오는 게 있으면 기다린다는 말도 없었겠지

우리는 속도가 다르지만 같은 곳을 향해 걷고 있었어
먼저 걸어보면서 걸음을 돌보는 일

어디로 가는 거야?

떨어진 동전의 앞뒷면을 구분하지 말자
골골대는 저 길고양이를 향해 뒤돌아보지 말자

발이 쓸린다
새로 산 운동화라서 그런가 봐

끝에 서 있으면서 시작이라 말하지 마

오래된 걸음을 멈춥니다

뒤를 돌아봐

겹쳐 걷는 걸음이 어지러울수록
우리가 돌보았다고 말할 수 있을까요

아무것도 변하지 않았는데 걸음을 늘어놓는다
괜히 발등을 서로 문대는 사람

분명 돌아온 길인데 발자국이 남지 않았다

여름 이해하기 운동

우리가 구워낸 여름을 생각해

어떤 여름은 눈에 보이지 않아서
땀만 흘리던 적이 있었지

그럴수록 너는 한없이
몸을 웅크릴 수 있었다

무릎이 입술에 맞닿을 때의 온도를 기억해
알맞게 구워진 더위가 피부로 스며들 때면
새로 태어나는 얼굴이 있던 것처럼

불가사리에 깍지를 끼던 손
무심코 읽어 버린 편지 속
단어를 세어 보는 일

늘어진 기타 줄을
마음껏 튕겨 보던 손가락

열대야를 되삼킬 때마다
땀이 쏟아지는 것 같아

손등에 고인 세상에서
몸을 더 동그랗게 말아버린다

박음질이 된 이름조차도
간격은 완벽할 수 없듯이
우리는 자주 넘어졌다

반창고로 대충 덧대어 붙인
누군가의 이름을 읽는다

손톱 사이에 누워 잠을 자던 사람들
우리는 바느질이 덜 된 이름을 안고
살아갈 것만 같지

유령 알러지 아카이브

무슨 생각을 하고 있니 너는 아무 말도 하지 않는다 뭐라도 보고 있는 거야? 서투른 물음을 내보이면 그제서야 떼는 입술 나 온몸이 가려운 것 같아 긴 소매를 걷는다 너는 내가 무섭구나 팔에 오소소 돋은 닭살을 보고 웃는다

이곳에서는 내가 아무것도 보이지 않는 사람이 된 기분이 들었어 어쩌면 사람이 아닐지도 모르지 너에게 처음 본 풍경을 알려 줄게 이곳은 내가 하는 말보다 속도가 빠르고 자주 아팠어 보이지 않는다는 핑계는 잠시 접어 두기로 한다

너는 온몸이 투명해서
거짓말을 할 때에도
다 들켜버리는 사람이었고

우리에게는 거짓말이 필요하다 나 아무래도 알러지 같아 온몸이 가렵고 우리가 마주할 때마다 미간을 자꾸만 찡그리게 되지 너는 갑자기 터지는 이야기를 멈추지 않는다

어떤 말은 쌓아둘수록
두드러기처럼
그러다 꿈을 꾼 것처럼

너는 내가 보이지 않았는데도
보인다는 거짓말을 해버렸구나

짧게 미소를 지은 유령에게 우리가 멀어지는 기분이 들 때 너를 껴안았지 품에서 빠져나가는 팔이 차가웠다 아무 의미도 없는 공기만이 우리를 이루고 있었다 멍한 얼굴을 하고 나를 쳐다보고 있었지 그건 기억나?

우리에게는 괴담이 필요해
너는 나를 무서워하지 않지만

비치 클럽

재이야
우리는 소음인 걸까

파도가 부딪히는 소리에
잠을 깰 수 있는 사람이 있었지

우리가 나누어 가지는 목소리에는
너무 많은 이름이 오가고 있었고

너는 멈추지 않고
새로운 이름을 부르고 있었다

계속해서 발생하는 우리에게
태어나는 것과
탄생하는 건 똑같지만
말은 다른 것처럼

우리는 이름이 다르지만
눈을 마주볼 수 있다는 게
유일한 마음이었지

말은 여전히 느리고
표면이 부드러워지는
바위에 대해 생각해

너는 지금 어떤 얼굴을 하고 있었는지
그게 아니라면
너는 깎여 나간 돌처럼
어디에선가 흘러가고 있었는지

울지 않지만
웃지도 않는다

여기까지 비밀로 하자

이번에 시를 엮으면서 생각했던 것들이 참 많았습니다. 이 시를 쓰고 있는 나에게 여름이라는 계절은 누구보다 중요한데, 그 여름을 활용하지 못하고 있는 기분이 종종 들었다고 할까요. 여름은 너무 긴데 그 안에서 머무르고 있는 나의 모습은 너무 단편적인 여름의 모습을 보고 있는 것이 아닌가, 하는 생각이 들고는 했습니다.

한여름의 괴담에서 시작하여 그 괴담에서 펼쳐지는 모든 이야기를 담아내는 사람이 되고 싶었습니다. 소름이 돋는 괴담을 나누고, 투명한 유령의 몸처럼 소외되는 모든 사람들에게 이름을 지어 주고, 지킬 수 있는 약속은 더더욱 하지 않으면서 기존에 존재하던 세상과는 멀어지기. 이것만이 가장 중요했던 이야기라고 할 수 있겠습니다. 여름은 덥고 괴담은 싸늘하니까요.

부크크에서 제안을 해 주셨을 때, '청춘'이라는 말이 요즘 제가 쓰는 시와 맞기는 할까, 라는 고민을 자주 하게 되었습니다. 지금의 나는 너무 조용하고 잔잔한 게 전부인데 그때 그 마음과는 같지 않은 것 같고, 이 마음이 성장이라기보다는 조금 더 깊게 바라볼 수 있는 시선이 생겼기 때문이 아닐까? 하는 그런 생각을 가지고 있었습니다. 그러나 조금은 어린 부분들이 사람을 사람답게 만들어 주는 것 같더라고요. 마냥 성숙한 시는 온전히 시가 되기 어려운 것처럼, 어린 구석이 있어야 하고 그 마음으로 시를 쓰면서 울지 않을 수 있을 테니까요.

이번에는 '세상'이라는 단어를 많이 언급한 걸 느꼈고, 언급하려

애썼어요. 요즈음, 세상에 많은 일들이 있었고, 이런 세상과는 나는 다르게 살고 있었다는 기분이 들었던 것 같습니다. 너와 나라는 각각의 사람이 우리가 형성되면, 그것도 결국 하나의 세상이 되는 것이니까요. 그렇게 위안을 얻으며 세상을 이어나가야 내가 살아있음을 느낄 수 있을 것만 같다는 뻔한 생각을 가지고 있었습니다.

    살아있다는 것은 미래를 살아내야 하는 의무가 생긴 것인데, 그렇게 사는 것이 과연 옳은 것인가, 하는 의문이 마구 생기는 요즘입니다. 열심히 살아낼수록 울음을 참는 법을 배우는데, 울음을 참아냈다고 해서 울지 않은 사람인 건 아니니까요. 저는 적어도 그렇게 생각하고 있습니다. 어쨌거나, 모든 소외되는 사람에게 위안이 되기를 바라는 마음 하나만으로 몇 글자 적어 두었던 모든 문장들이 모이게 되어 영광이라고 생각합니다. 세상은 너무 빠르고 나는 정말 느릴 때 우리는 비로소 살아있다는 것을 느끼는 사람들이니까요. 동시에 살아내야 하지만 울음은 참지 않기. 이것이 모든 문장들의 목적이라고 말하고 싶은 것 처럼요.

2025년 여름
정 드림